Achtsam durchs Leben gehen

Anselm Grün

Achten Sie auch auf Ihre Stimme und Ohren: Achten Sie darauf, ob die Worte, die Sie sprechen, wirklich und liebevoll aus Ihrem Herzen kommen. Und üben Sie beim Hören, sich ganz und liebevoll auf den anderen einzulassen. Wenn Sie bewusst sprechen und achtsam hören, können Sie spüren, wie Sie mit anderen Menschen neu in Beziehung kommen.

Wo Menschen mit Freude ihren Alltag leben, da öffnen sie den Himmel über allen, denen sie begegnen.

Das Ziel unseres Lebens ist die Hingabe an Gott und die Menschen. Ich kann mich nur hingeben, ich kann nur wahrhaft lieben, wenn ich mich gefunden habe, und wenn ich frei geworden bin von mir selbst, vom Kreisen um mich selbst und vom Festklammern an mir und meinem Leben.

Im Wind können
wir das Leben der
Natur erspüren und
zugleich das Wehen
und Wirken des
Heiligen Geistes.

Der Blick auf das Wesentliche des Alltags sollte immer wieder erneuert werden. Der hl. Benedikt schreibt, die Mönche sollen mit den Dingen des Alltags, den Werkzeugen umgehen wie mit heiligen Altargefäßen. Seien Sie ganz in Beziehung zu den Dingen und gehen Sie behutsam und achtsam mit ihnen um, so können Sie mitten im Alltag Gott erfahren.

Lass dich auf das Gewöhnliche des Alltags ein. Vertraue darauf, dass du dort alles findest, was du suchst.

Reservieren Sie sich täglich bewusst Zeiten für die Stille, in denen Sie in sich hineinhorchen, ob Gott Ihnen etwas sagen möchte. Wenn Sie nichts hören, halten Sie es trotzdem aus. Gott spricht nicht sofort. Er wartet, bis es in unserem Herzen ganz still geworden ist, damit sein Wort auch wirklich gehört werden kann.

Im Schweigen kann
ich Abstand zu meinen
Gefühlen gewinnen.

Wenn Sie heute spazieren gehen, gehen Sie bewusst und spüren Sie, was Sie da eigentlich machen. Werden Sie sich bewusst über den Aufbruch, das Unterwegssein, setzen Sie Ihre Schritte bewusst. Erleben Sie Ihren Spaziergang als kleine Pilgerreise auf Gott hin und spüren Sie dankbar die Erfahrung, nach Hause zu kommen.

Jeder Weg ist ein Gleichnis für unser Leben.

Erleben Sie alle Räume, in die Sie heute eintreten, das Büro, die Produktionshalle, das Kaufhaus, Ihr Auto, als Räume, die vom Segen Gottes umfasst sind. So werden die negativen Emotionen ausgeschlossen. Die Räume stehen unter dem Segen Gottes, die Menschen, denen Sie begegnen, sind gesegnet, Sie selbst gehen und arbeiten unter seinem Segen.

Wir können Gott in
dieser Welt nur
erleben, indem wir
ihn in allen Dingen
als den Ursprung
allen Seins erspüren.

Augustinus sagt: „Deine Sehnsucht ist ein ununterbrochenes Gebet." Versuchen Sie in diesen Tagen bei allem, was Sie tun, mit der Sehnsucht Ihres Herzens in Berührung zu kommen. Spüren Sie, dass Ihr Herz, Ihre Sehnsucht diese Welt übersteigt und Sie so jetzt schon in Gott geborgen sind.

Wenn Sie in der Natur unterwegs sind, nehmen Sie sich Zeit dafür, einmal zu ertasten, wie sich ein Baum anfühlt oder das kühle Wasser eines Baches. Wenn man eine Blume ertastet oder Gras, das im Wind wiegt, dann kann man auch etwas von der Zärtlichkeit Gottes erspüren. In der Schöpfung können Sie so den Schöpfer selbst erfahren.

Hingabe heißt, die eigenen
Vorstellungen loszulassen.

Man kann nur nach vorne schauen, wenn man erkannt hat, woher man kommt.

Hören Sie heute Ihre Lieblingsmusik – am besten mit Kopfhörern und geschlossenen Augen. Lassen Sie sich ganz von der Musik durchdringen, lassen Sie die Klänge auch in die Ecken einfließen, die verschmutzt sind von negativen Emotionen, vom alltäglichen Ballast. Und spüren Sie die reinigende Kraft der Musik.

Die Welt ist Ausdruck
des Wortes Gottes.

Setzen Sie sich still hin. Treten Sie ein in die Kammer Ihres Herzens und schließen Sie die Tür. Gönnen Sie sich eine halbe Stunde, um einfach nur allein zu sein mit Gott. Folgen Sie Ihrem Atem und stellen Sie sich vor, wie Sie beim Ausatmen die Geröllschicht beiseiteräumen, die über Ihrer inneren Quelle der Liebe liegt.

Freiheit von allen Abhängigkeiten, Freiheit von anderen Menschen, Freiheit letztlich von sich selbst, das ist das Ziel jeder Menschwerdung und zugleich das Ziel jedes spirituellen Weges.

Zwei Menschen, die sich
wirklich begegnen,
berühren etwas,
was sie übersteigt.

Für die Gotteserfahrung braucht es Achtsamkeit und Langsamkeit.

Die Feinde zu lieben, sich mit ihnen zu versöhnen, ist eine große Herausforderung. Heben Sie die Hände und versuchen Sie, in dieser Segensgebärde den Segen Gottes auch zu denen strömen zu lassen, die gegen Sie arbeiten, die Sie verleumden und beschimpfen. So können Sie wieder in sich selbst Frieden spüren und diesen Menschen innerlich frei und versöhnt begegnen.

Die Texte sind entnommen aus folgenden Veröffentlichungen von Anselm Grün:
Mein Fastentagebuch, Momente des Glücks 2011, Wege zur Freiheit

Alle Abbildungen von Fotolia:
Coverfoto makuba, S. 2/3 Patrizia Tilly, 4/5 thomas.andri, 6/7 sumnersgraphicsinc, 8/9 hassan bensliman, 10/11 Petra Reinartz, 12/13 mirpic, 14/15 Bernd, 16/17 Laure Fons, 18/19 iofoto, 20/21 sculpies, 22/23 Profotokris, 24/25 EF-EL, 26/27 Anette Linnea Rasmus, 28/29 javarman, 30/31 Tsian, 32/33 RalfenByte, 34/35 Tinka, 36/37 Dmitry Sunagatov, 38/39 Olga Lyubkin, 40/41 Julian Weber, 42/43 Sandra Cunningham Pefkos, 44/45 Ellie Nator

Gesamtherstellung: KOMET Verlag GmbH, Köln

ISBN 978-3-86941-119-4

www.komet-verlag.de